L'ARGENTERIE de la Maison Royale Portugaise

LES GERMAINS EN PORTUGAL

par Le Marquis da Foz

LISBONNE.
MDCCCLXXXVIIII.

PL. II

Pl. III.

Pl. IV

13

14

15

16

17 18

Pl. VI

PL. VII

25

Pl. VII.

27

28

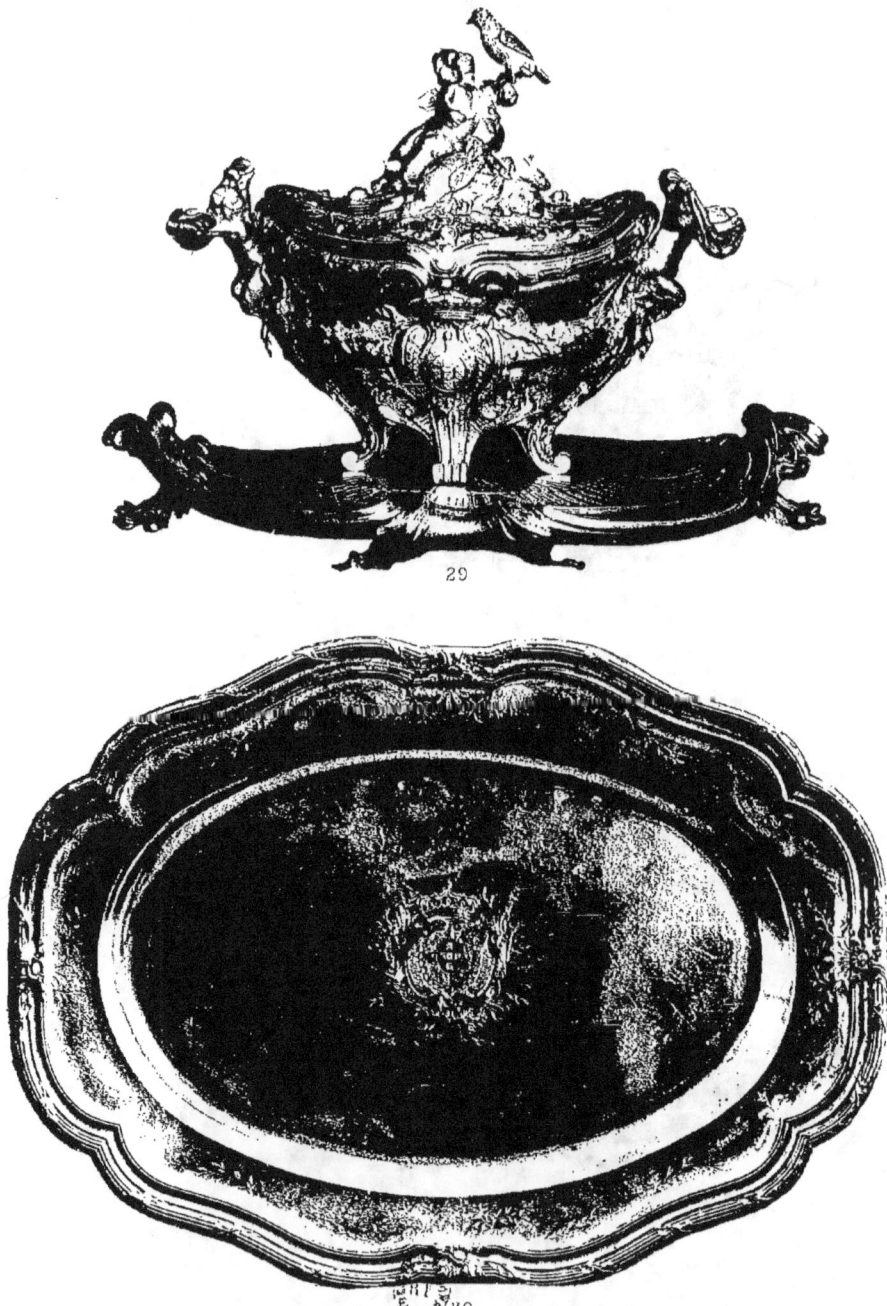

PL. XI

35

36

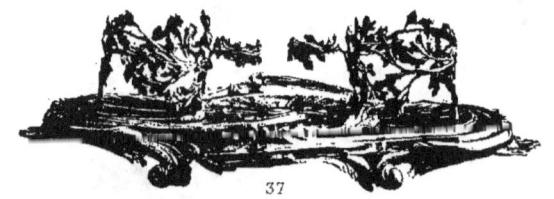

37

38

39

Pl. XII

40

41

42

44

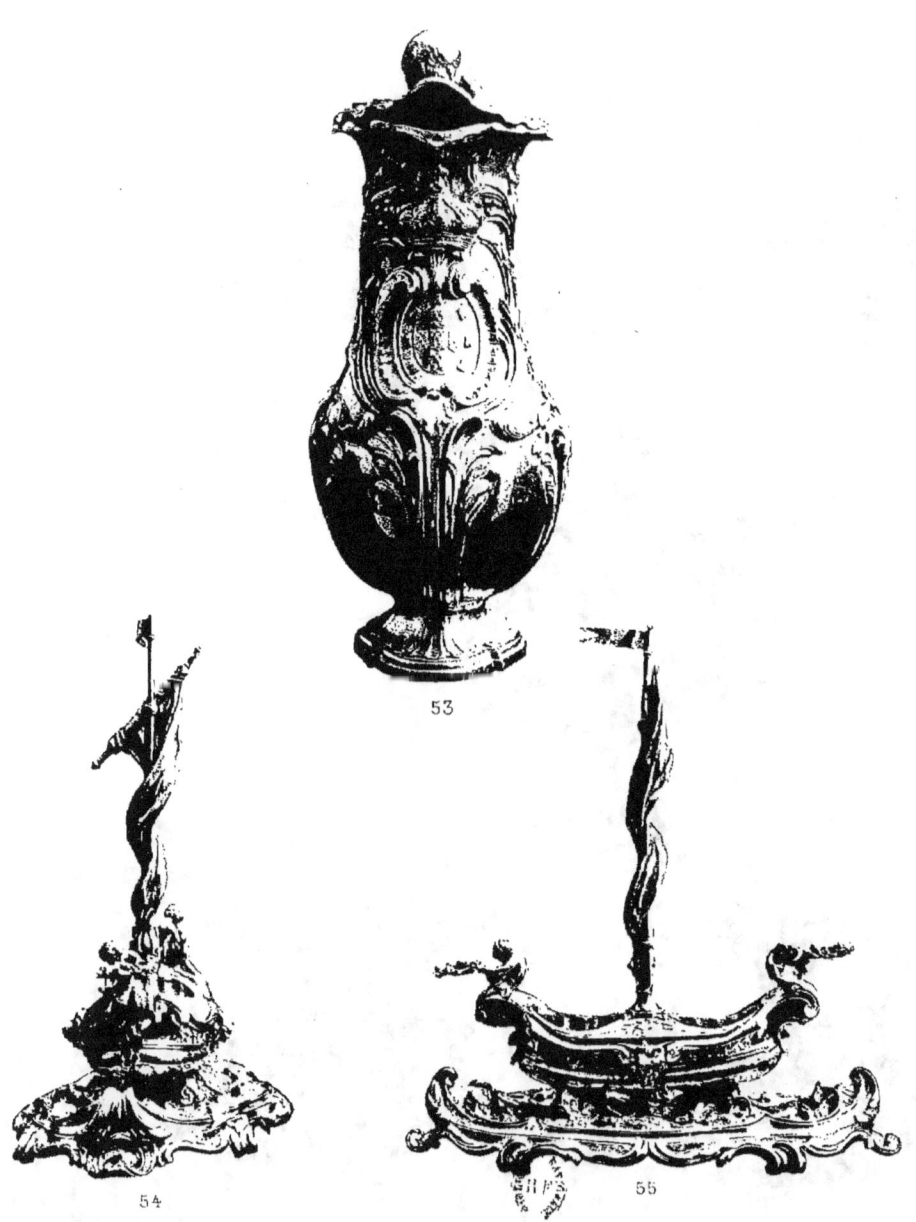

PL XVI.

PL. XVII

G1

PL. XVIII

63 64

65 66

PL XIX

Pl. XX

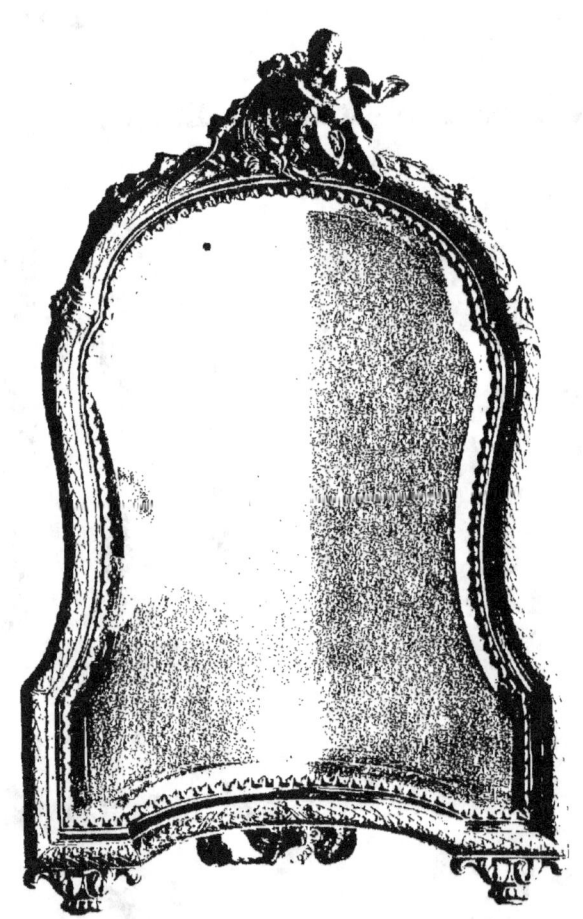

74

PL 22